目次

装幀　2DAY

はじめに
～真なる人生を掴む～

皆さんは、「人生」というものを真剣に考えたことはありますか。人間は、この世に誕生して、「生きる」ということを始めるわけですが、「人として生きる」ということを、どの程度、真剣に考えてきたでしょうか。

「人生学」のジャンルの本は、これまでも、たくさん書かれてきていますが、その多くは、社会と整合して生きる方法を指南する「処世術」を学ぶものに偏っているように思います。

本書は、そうした「処世術」の奥にある、「真なる人生」とは何かを探求し、そこから、最高の人生を手にするためのマスターキーを与えるために書かれたものです。

最高の人生を手にするためのマスターキーがあれば、あなたは、もう人生に迷うことはありません。

長い人生において、直面する問題は様々ですが、実は、その解き方には共通したものがあります。

数学に解法のテクニックがあるように、人生を完成に導くマスターキーが存在します。もちろん、人生の様々な問題を解決する万能な解答はありません。言うならば、問題を解くコツを習熟することにより、問題を正しく捉え、正しく解く道筋が見えてくると言った方がわかりやすいでしょう。

そして、もっと、素晴らしいことは、このコツを身に付けることによって、問題が起きにくくなるということです。

問題が起きるのは、その原因があるからで、我々は、その原因に気づかず、何度も同じ問題に突き当たることになります。

既に起きてしまった問題をなしにはできませんが、その捉え方を変えることはできますし、そのコツを身に付けることによって、それが本当に問題なのかという判断も変わってきます。

つまり、そもそも、問題自体がなくなる生き方を選択できるということです。

これまで、思想家、哲学者、教育者等、知の巨人たちは、多くの叡智を残してきましたが、その叡智に触れる機会は少なく、理解することは簡単ではなく、実践するのはさらに難しいことです。

本書は、そうした先人達の古書にも触れながら、皆さんが、楽しく読め、実践していくことができる「人生学の入門書」として書かれたものです。本書は、日々、皆さんの手元においていただき、毎晩、目を通していただくことを願い、「人生学のバイブル」というタイトルを付けました。

「バイブル」とは、いわゆる「聖書」のことですが、最近では、「愛読書」や「必読書」といった意味にも使われます。本書を、人生の道標として、暗唱できるまでに何度もお読みいただき、日々の生活に活かしてほしいと思います。

本書で書かれているメッセージは、決して難しいものではありません。むしろ、当たり前のことが書かれていると感じるかもしれません。しかしながら、当たり前のことを、毎日、行うことが最も難しいといえます。

簡単だからこそ、難しい。

本書を手に取られたあなたは、既に、そのことに気づいておられる方だと思います。

「最高の人生」を手に入れるためには、様々な事象を曇りなき眼で見つめる純粋な気持ち、簡単なことを継続できる意志の強さ、様々な変化を受け入れる感性の柔らかさが必要です。

あなたが、「真なる人生」を理解し、「最高の人生」を手に入れるためのマスターキーを習得し、今日から実践していただけることを心から願い、本書を世に送り届けます。

令和5年7月

天空を駆ける風と共に

風見正三

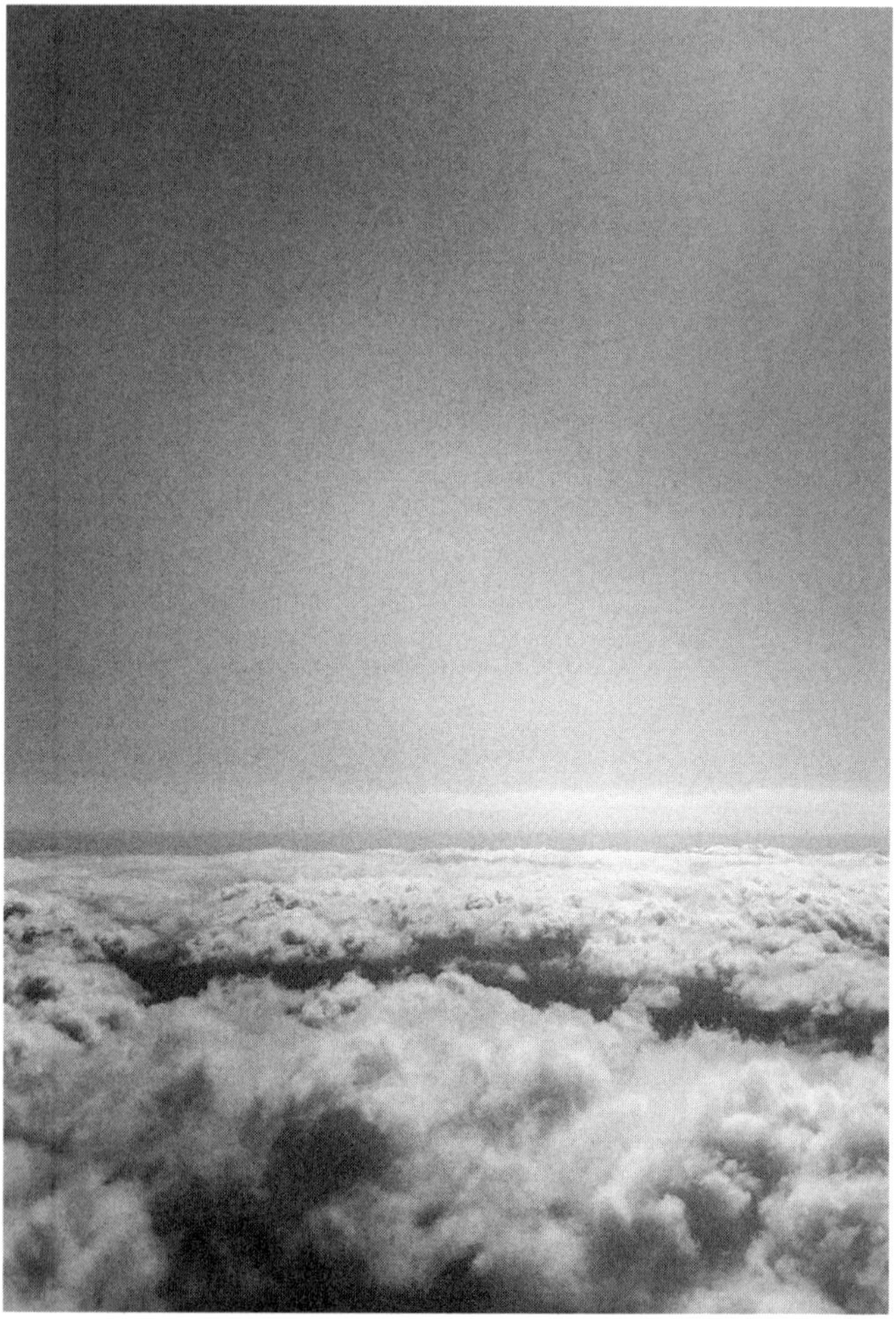

第1のマスターキー　自分を発見する

私たちは、人間として長い年月を生きるわけですが、いつ頃から、「自分」という存在を意識するのでしょうか。

幼い頃、自分が世界の中心であった時代を覚えていますか。誰しも、地平線に夕日が沈む景色を見ながら、自然と自分の中に、何の隔たりもない、完全なる自由を手にしていた日々があったはずです。

そして、自分が誰かの子であり、何処かの住人であることを理解するようになり、学校に入学し、卒業し、会社に所属し、新たな家族を持ち、いつしか、社会から与えられた役割や称号を「自分」という存在として認識するようになっていきます。

あなたの自己紹介をしてくださいと問われた時に、ほとんどの人は、生まれや住まい、家族、学歴、職業といったことを話します。しかし、真のあなたは、その中に本当に表れているでしょうか。その中には、自分が心から選択し、自分を表すものもあるかもしれませんが、自分が心から選択していないものや他人の選択にまかせたものはないでしょうか。

あなたは、本当に「自分」というものを探究してこられたのでしょうか。

あなたが、「自分」との対話をはじめたいと思っているならば、本書は、まさに、あなたのために書かれたものです。

「自分」という存在と一緒にいながら、その存在に向き合ってこなかった経験はたくさんの人が持っていることです。

そんな「自分」を反省し、真なる「自分」と出会う旅を、ここから、始めていきましょう。

ここで、ひとつ、質問です。

あなたは、幼い頃の自分をどのくらい覚えていますか。大平原や森の中、お祭りの中、動物たちや仲間たちと共に、駆け回った時代の自分を明確に言葉にできますか。

そして、その頃は、「自分」という存在はどこにあったのでしょう。

人間には、「自我」というものがあります。この「自我」というものを理解することが、人生を考える上で重要な鍵となります。「自我」とは、「自らを我として認識する」ということですが、この「我」を知ることがなかなか難しいことなのです。

「自我」とは、「自分」「自己」を表し、哲学の世界では、「他者や外界から区別して意識される自分」、心理学では、「行動や意識の主体」、精神分析学においては、「エゴ（Ego）」という言葉で表されています。

人間は、人間として成長する過程の中で、「自己」を認識するために、「自身」とは異なる存在との区分によって、「自分」を意識することになります。

改めて、「自分」という言葉を見てみますと、「自」と「分」によって創られていることに気づきます。「自」とは、世界にひとつしかない、「自身」のことであり、「分」とは、人間に本来備わっている「性分」を表し、「自」と「他」を分けることによって、「自分」

が形成されていくことを示しています。

ギリシャの哲学者であるソクラテスは、「汝自身を知れ」という言葉を残しています。この言葉は、人間が生きていくためには、まず、「自分」という存在を発見し、「自らが何者であるか」という命題に立ち向かう必要があることを教えています。

アポロン神殿の入り口に刻まれたこの名言は、古代ギリシャの哲学者のみならず、現代に生きる我々にとっても、永遠の命題と言えるでしょう。

20世紀は、科学技術の発展によって、経済社会が発展し、多くの人類が豊かな生活を手にいれることができました。しかし、その一方で、様々な社会問題も生まれてきました。我々は、21世紀に入り、地球環境や幸福感など、人間の存在の本質に迫る「問い」に向かいあう時期がきています。

今こそ、「人間」とは何か、「自分」とは何か、という根源的な問いに向かい、「汝自身を知れ」という問いに対する自らの答えを出していく旅を始めていくべき時期が到来しています。

そのためには、「自分を発見する」ということを成し遂げる必要があります。

この命題こそ、あなたが、最高の人生を手に入れるための大いなる一つめのマスターキーとなります。

「自分は何者なのか」という問いこそ、実は、最も奥深い問いなのです。

あなたは何者ですか？　この答えに皆さんはどう答えますか？

誰かの息子や娘、誰かの父親や母親、出身は何処で、どんな学校を卒業し、どんな職業に就いている、といったことでしょうか。あるいは、学校ではどんな科目が得意だったということでしょうか。または、肌の色や身長、容姿を語るでしょうか。

それらの説明は、真のあなたを伝えることになっているでしょうか。

実は、これらのことが、あなた自身を表しているかはわかりません。むしろ、これらのことは、あなたが生まれてきた時の「へその緒」のようなものかもしれませんし、あなたが成長する中で身につけてきた「衣」のようなものかもしれません。

あなたという存在を、もう一度、鏡で映してみましょう。

あなたという人間は、学歴や肩書き、洋服のタグではなく、あなたの生命の中にあるはずです。あなたの目や声の輝き、愛や夢の中にこそ、本当のあなたがいるとは思いませんか。目や声には、生まれたままの姿が残っています。

我々は、社会的な存在ですから、世の中に出るために、様々な装飾を施していきます。採れたての野菜が一番新鮮で美味しいのに、出荷され、レストランに並ぶ頃には、加工され、素材の輝きが失われてしまうのと同じです。

人間という存在についても、素材の本質を保つことは難しく、人間の中に潜む「原石」

を探すことは難しいことです。
スタジオジブリの作品の中に「耳をすませば」という映画があります。主人公の雫は、小説を書くことを決心し、最初の物語を必死に書きながら、もがき苦しみますが、真の才能を探り出すことの難しさを「ラピスラズリ」の原石を見つけていくことにたとえたシーンがでてきます。自分の本質や才能というものは、表層ではなく、深層に隠されており、それを辛抱強く発掘する作業が必要になることを示唆しています。

芸術家のロダンは、「私は何も発明しない。再発見するだけだ」「芸術作品はすでに大理石の塊の中にある。わたしはただ必要のないものを切り落とすだけなのです」という言葉を残しています。

ロダンは、芸術を創造していくことは、新たな発想を生み出すのではなく、自らの中に沈潜するものを発見・発掘する作業であることを示唆したかったのでしょう。

人生とは、飾ることではなく、むしろ、削り取っていく作業であることをロダンの言葉から学ぶことができます。

あなたは長い人生の中で、様々な装飾を纏ってきています。幼い頃の思いをそのまま持っている人もいるでしょうが、自らが選択していない装飾を纏っている人も多数います。

あなたは、ここまで、家族や社会の様々な支援によって成長してきたことでしょう。そのことには、素直に感謝しなければなりませんが、これらの後天的に身につけてきたものは、真の自分を分かり難くしていることも知っておいてほしいのです。

人間が社会に出ていく過程では、我々は、天から贈られた自分に様々なラッピングを行っていきます。そして、それは、自分の大切なものを隠すことになっているかもしれないのです。

あなたが自分を語る時に、あなたの本質が語られ、「自己」というものが浮き彫りになり、他者とは異なる「自分」が現れてきます。それを正しく認識することが「汝自身を知れ」に対する答に近づくことになります。

社会的な衣を着て、自分の素肌を覆い尽くした人間は、自己の姿を見ることはなくなるでしょう。

あなたの「自己」は大丈夫ですか。

自分を大切にするということは、世界でたったひとつの自分を発見し、社会に表現してあげることです。

もし、そこに、「恐れ」があるとしたら、それは、「自己」の美しさを見つめてこなかったということでしょう。

社会的に認められる衣を着ていれば、それで安心できたかもしれませんが、それは、自分を隠し通すことにもなります。就活の学生がリクルートスーツに身を包むのは、そうした理由からでしょう。

社会から異端視されることは、冒険ですし、何らかの不利益を被る可能性はあるでしょう。大量出荷される製品は規格化され、試験に合格していくことを求められます。それは、同一価格で同一品質を求められるからです。標準であるということは市場に出品していくための基本要件となります。

しかし、世界の標準や常識は、国境や歴史とともに変わります。「常識」というものに絶対的な共通解はなく、「常識」という幻想が多くの人の未来や可能性を制限してきたことは、世界や歴史に目を向ければ明らかです。

何よりも確かなことは、「今ここにある自分」という存在であることを思い出してください。このことは、世界がどのような変化を見せたとしても、変わらぬ真実であり、そのことから逃れることはできず、無視することもできません。

世界とつながるということは、「自分」とつながることです。

世界は大きく移り変わっていきますが、変わらぬ存在である「真なる自分」を一生隠し通せるものでしょうか。

自分の中に秘められた「自分」は、社会的な抑圧を超えて、いつか、「真なる声」をあげることでしょう。

大切なことは、真なる自己を発見し、それを受け止め、世界に発信していくことなのです。

そうした行動を行うには勇気がいる社会であることも知っています。しかし、あなたが恐れる程、社会はあなたを監視しているのでしょうか。

あなたの周囲には、自分を素直に出しているのに、なぜか、好かれている人はいませんか。あなたが、そうした人に違和感を感じるとしたら、それは、自分を周囲に合わせすぎているからかもしれません。

あなたが「真なる自分」を偽っている限り、あなたは「自己」を暗闇に閉じ込め、「真なる自分」を発見する好機を逃していることになります。

常に、天は、あなた自身になる機会を与えてくれています。その好機を逃さぬように、今日から、自分の心に耳を傾けましょう。

あなたは、暗闇から発見され、あなたの魂が生き生きとしてくるのを感じることでしょう。

最高の人生を手に入れる一つ目のマスターキーは、「自分を発見する」ということです。

自分の存在を大切にし、自分の感覚を社会に素直に表現していきましょう。

あなたの人生を輝かせるスタートラインは「自分の発見」です。

「汝自身を知れ」

今、あなたには、この言葉の素敵な響きが心に届いていることでしょう。

今日から、「自分」というものをしっかり見つめ、世界でたったひとりのあなたの「真の姿」を受け入れ、称賛し、世の中に表現していきましょう。

ほんの少しの勇気を持つことで、昨日とは全く違う、素敵な出会いと変化があなたを待っています。

＊　＊

フランソワ＝オーギュスト＝ルネ・ロダン（François-Auguste-René Rodin）
19世紀を代表するフランスの彫刻家。『近代彫刻の父』と称される。代表作に『地獄の門』、その一部を抜き出した『考える人』など。（１８４０年11月12日－１９１７年11月17日）

耳をすませば

読書好きの中学生である月島雫が、同級生の夢に向かっていく姿に触発され、自らの夢を追い求めていく勇気を描いている作品。柊あおいの原作をスタジオジブリの近藤喜文監督によって劇場アニメ化されている。（1995年公開　スタジオジブリ作品）

第2のマスターキー　運命を信じる

私たちは、果たして、いつ、人生の意味を知ることができるのでしょう。

人間は、未来を予知できないと言われています。しかし、人間には、科学では証明できない、不思議な能力があることも確かです。

「第六感」という言い方をする方もいますが、自然界では、たくさんの生命が共生し、言葉を超えたコミュニケーションが交わされています。

「虫の知らせ」という言葉を聞いたことがあると思いますが、我々には、動物的な勘や感性というものが本来備わっています。芸術はまさにその力を発揮したものであり、創造という行為は、極めて、インスピレーションによって生まれていくものです。

我々は、「生きる」ということを、本来、知らずに生きており、そのメカニズムも本当は良く知りません。

しかし、人生というものは様々な要因が重なり合い、創作されていきます。

「運命」という言葉を聞いた時、あなたは、どんな感覚を持たれるでしょう。自分ではどうにもならない未来を受け取ることと感じるでしょうか。「運命」という言葉は良く使われていますが、共通した理解はありません。

ここで、あなたに質問です。

「運命」といった時に、「幸せな運命」「悲しい運命」のどちらを想像しますか。その選択によって、運命は決定づけられているとしたら、「運命」という言葉を真剣に考えてみようとは思いませんか。

「幸運」と「悲運」という対比的な思考を持って生きる二人の人間がいたとしたら、どちらが「幸福」になれる可能性は高くなるでしょうか。

人間は、思考する生き物です。デカルトは、「我思う、故に我あり」という言葉を残しました。人間は、「思考」し、それを「言葉」に変え、行動に移すことによって、様々な夢を実現していきます。

また、フランスの科学者であり、哲学者であったパスカルは、「人間は考える葦である」という言葉を残しています。人間は自然界の中では決して生命力の強い生物とは言えませんが、「考える力」を持つ生命体であることを述べています。

人間の可能性とは、まさに、この「考える力」にあり、人間が「最高の人生」を手に入れるためには、「考える力」の存在を理解し、それを正しく使っていくことが必要になります。

皆さんには、この「考える力」ということの意味や効果をしっかり意識していただきたいのです。

そして、同時に、人間にとって、「考えない」ということも大切であることを知っておいていただきたいと思います。

人間の脳の能力は創造を超えたもので、「記憶力」は人間の重要な能力ではありますが、「忘却力」という能力も人間にとっては極めて重要です。

「考える」ということは「計画」を練ることであり、「考えない」ことは「直感」に委ねることといっても良いでしょう。

「計画」という行為は人間社会を大きく発展させ、科学の発展は計画的な思考がなければ達成し得なかったでしょう。一方、文化・芸術の世界では、「計画」よりも「直感」や「創発」から生まれていることが多いと言って良いでしょう。

「運命」を信じるということは、この「計画」を超えた「直感」の可能性に委ねるということです。

我々は、未来は予知できないかもしれませんが、多くの人々が、世界の異なる地域で同時に同じ考えを持ち、行動を起こすということがあります。

あなたが未来をいかに考え、決断していくかの集積によって、未来や世界が変わっていくとしたら、自らの「幸運」を願わない人はいないでしょう。また、自分が幸福でなければ、他の人々や世界中の幸福を願うことは難しいことでしょう。

人間は、「運命」という不思議な力を生かして、もっと自由に生きていける存在です。

最高の人生を手に入れる二つ目のマスターキーは、「運命を信じる」ということです。

自分の未来を好転的に捉え、自分にふさわしい運命が訪れることを信じることができるか、それが重要な鍵になります。

あなたの人生を輝かせるアクセルポイントは「運命を信じる」ことです。

今、あなたには、「運命」という言葉の素敵な響きが心の中に広がっていることでしょう。

今日から、「運命」というものを信じて、あなたに起こる素敵な未来を受け取るために、あなたの「幸福の姿」を具体的に創造・想像し、その心地よい響きの中で行動していきましょう。

運命を信じることとは、自分の存在を認め、あなたに起こるすべてのことを好転的に捉え、素敵な未来を受け取っていくことなのです。

あなたの明日はどんな心躍る運命が待っているのでしょう。

――――＊――――＊――――

ルネ・デカルト（René Descartes）
フランスの哲学者、数学者。合理主義哲学の祖であり、「近代哲学の父」として知られる。「我思う、ゆえに我あり」は哲学史上で最も有名な命題の一つであり、人間の持つ「自然の光（理性）」を用いて真理を探求していこうとする近代哲学の出発点となっている。（１５９６年3月31日－１６５０年2月11日）

ブレーズ・パスカル（Blaise Pascal）
フランスの哲学者、物理学者、発明家、実業家。神童として数多くのエピソードを残しており、「人間は考える葦である」をはじめとする数々の名言を残している。代表作には「パンセ」があり、パスカルの三角形、パスカルの原理、パスカルの定理などを発明する他、様々な分野での功績を残している。（１６２３年6月19日－１６６２年8月19日）

第3のマスターキー　過去を手放す

人間は、記憶の動物と言われることがあります。

記憶とは、脳内の大脳皮質に蓄積された過去の経験や知識とも言えますが、一般的に、感情を伴う不確かな情報を多数蓄えていることも知らなければなりません。

人間には、「短期記憶」と「長期記憶」というものがあり、コンピュータでは、ＲＡＭ（ランダム・アクセス・メモリー）とＲＯＭ（リード・オンリー・メモリー）に例えられます。

我々は、無意識に「記憶」の中に生き、そこから、「未来」を模索しています。

つまり、「現在」とは、「過去」の記憶の集積による「現在」であり、過去の記憶が現在のあなたを創っていることを知る必要があります。

それでは、「現在」とはなんでしょう。

実は、現在というものを正確に捉えるのは難しいことです。

「今を生きる」とは、どういうことなのでしょうか。

それは、今の自分にしっかりと向き合い、自分が何を感じ、何をしたいのかを見極め、それを実行していることでしょう。

そして、「過去」や「未来」を捉えることは、さらに難しいということを知ってほしいと思います。

「未来」を見たことはありますか。「未来」はいつも遠くにあって、到着する時は、「現在」になります。限りなく、送り続けられてくる、「未来」という「現在」があなたを創っています。

さらに、その「未来」が到着した瞬間、それは、「現在」から「過去」に変わっていきます。

「過去」「現在」「未来」は常に連続したひとつの流れであり、流れに乗っていくためには、「時の流れ」の「今」を捉えることが必要なのです。

過去はどんどん創られていき、良い事も悪い事も、嬉しいことも悲しいことも、時の流れに押し流されていきます。

そして、そこには、「経験」という尊い学びがあり、そこから、「智恵」が生まれていきます。

過去は、決して動かせないように思い、深い後悔を持って、心に刻んでしまう人もいます。しかし、良い事、悪い事は、その過去の自分が判断した事実であり、事実とは、何通りもの側面があることも忘れないでいてください。

自分が悪いという思いから、「悪い」という判断をしているだけであり、他の人から見れば、「良い事」になることも多々あります。また、自分の智恵や魂の進化によって、時と共に、善悪の判断も変わっていきます。
そのことを知らなければ、「過去」は、重苦しいあなたの心を制限する「鎧」になってしまいます。

良き思い出は素直に受け入れ、大切に飾っておきましょう。悪いと思っていた出来事も、時が経ち、より深く、広い視野を手に入れた時、人生を変える、貴重な経験であったことに気づきます。

人生における全ての事象は、自分が考えた通りに形成されていくものです。
それは、「我思う、故に我あり」というフランスの哲学者デカルトの言葉が示すとおり、あなたが思考してきたことがあなたを形成し、あなたの世界を創っているということなのです。あなたには、その真実を学んでほしいと思います。

我々は、「過去」を手放すことを覚える必要があるのです。

「過去」は「現在」の進化によって塗り替えられる、その真実が、あなたに未来を正しく受け取る勇気を与えてくれます。

「未来」は「現在」のあなた次第なのです。あなたが受け取る「未来」は何通りもあり、あなたの「現在」が進化することでそれは変わっていきます。

大切なことは、「現在」を全身全霊で生きることです。

「未来」はその力によって、正しく訪れ、「過去」は「現在」の進化によって刷新され、あなたに新しい価値と判断、人生を見せてくれるでしょう。

その時、人生とは「時の流れ」の中に生成される美しい物語であり、あなたが望めば、「過去」も「未来」も変えられることに気づくことでしょう。

最高の人生を手に入れる三つ目のマスターキーは、「過去を手放す」ということです。

自分の現在を見つめ直すことによって、過去も未来も変わるということを知ることが重要な鍵となります。

あなたの人生を再発見するためのギアシフトは「過去を手放す」ことです。

今、あなたには、「過去」という言葉の中に、新たな価値と可能性が秘められていることに気がついたことでしょう。

今日から、「過去」に縛られることなく、あなたに起こる素敵な未来を手にするために、あなたに訪れる「現在」を一瞬も逃さず、存分に受け止め、新たな自分で前進していきましょう。

過去を手放すことは、現在の自分の進化を受け止め、あなたに起こるすべてのことを正しく見極め、素敵な未来を受け取っていくことです。

あなたの過去にはどんな発見があるでしょう。

あなたの未来はどんな心躍る物語が待っているのでしょう。

あなたは、今日より、「過去」の自分から解放され、「現在」の自分を存分に楽しみながら、自分のための輝く「未来」を創造していくことでしょう。

＊　＊

ルネ・デカルト（René Descartes）

フランスの哲学者、数学者。合理主義哲学の祖であり、「近代哲学の父」として知られる。「我思う、故に我あり」は哲学史上で最も有名な命題の一つであり、人間の持つ「自然の光（理性）」を用いて真理を探求していこうとする近代哲学の出発点となっている。（1596年3月31日－1650年2月11日）

第4のマスターキー　計算はやめる

あなたは、「計算」は得意ですか。

我々の日常にとって、計算は大切ですが、人生においてはどうなのでしょう。あなたのまわりにも、「計算」が得意な人はたくさんいると思います。

しかし、「計算高い」という表現があるように、計算が得意な人は好まれないこともあります。それは、なぜでしょう。

我々は、直感的には、計算を超えた何かが人生を決していることを本当は知っているからではないでしょうか。

あなたが、計算が苦手であれば、この章は、朗報です。あなたが、計算が得意であれば、じっくり注意深く読んでみてください。先は予想せず、計算をせずに読んでみましょう。

まずは、「計算」と「計画」の関係について考えていきます。

人間は「計画」を重んじる生き物です。

自然界の中で、人間ほど、自らの生存のために自然環境を大きく改変してきた生命体はいません。

人間の計画する力は、人類の発展の基盤となってきましたが、時には、人智を超えた事象に遭遇し、「計画」の限界性も味わってきました。

「計画」ということは「計算」するということにつながっています。「数理計画法」や「実験計画法」といった分野に代表されるように、「計画」という概念は、科学的手法によって、論理化され、人間の生き方に大きな影響を与えてきました。

皆さんも日常的な生活の中で、科学の恩恵をたくさん受けていることでしょう。工業製品や科学技術の開発には、こうした視点は必要ですが、人生の計画となるとどうでしょうか。

人生の選択となれば、「計算」だけで決断する人は少ないと思います。人生は、多くの出会いによって創りあげられていくことを皆さんはよく知っていますし、予測しない出来事が幸運につながった経験をお持ちの方も多いと思います。

実は、実験の世界においても、計画を超えた偶発的なことから卓越した発明が生まれることも少なくありません。皆さんが日々使用している「ポストイット」という製品も、接着剤の実験中に、偶然、接着力の弱い試作品が生まれ、それが実用化されたということをご存知でしょうか。

ましてや、科学の世界を超えた、心を持った人間の行動や未来に科学的な「計画」は万能といえるでしょうか。

人間の命も決して計画的に生まれたものではありません。

また、その創造のメカニズムも人間の叡智を超えています。

宇宙の起源や地球の発展プロセスも未だ完全に理解されてはいませんし、これからも究明することは容易ではないでしょう。

これらの世界は、まさに「神秘」であり、宇宙や地球の存在だけではなく、我々の身体や生命の領域においても、科学では解明されない「神秘」の世界がたくさん存在しているのです。

人間の人生も「計画」という科学的方法だけでは決定できないことを皆さんには知っていただきたいと思います。

だからといって、無計画で生きていくのが良いと言っているのではありません。

人間の「計画」を超えた「創発」や「セレンディピティ」の力によって生まれる素敵な人生があることを意識していただきたいということです。

日本の教育では、「英語」「数学」「国語」「理科」「社会」の5教科が主要科目になっています。こうした主要科目を制覇しなければ進路が制限されてしまうという理由から、受験勉強を必死に乗り越えてきた方も多いでしょう。特に、数学には悩まされた人も多いかもしれません。数学は難解ですから、数学には

ここで、「数学」について、少しお話をしておくと、本来、数学とは、極めて哲学的な学問であり、ここでいう「計算」は「算数」に近いものだと考えていただいて良いでしょう。

哲学者に数学者が多いことは、この理由によりますが、我々は、数学という学問の前に、「算数」を習いますが、その中で、数学が苦手になってしまう人も多くいるようです。

スタジオジブリの作品に、「おもひでぽろぽろ」という作品があります。この中で、主人公のタエ子が「分数の割り算」で悩み、そこから、「算数」が苦手になってしまうという幼い頃の記憶を辿るシーンがあります。

このシーンに共感を持った方も多いのではないでしょうか。

都会育ちのタエ子は、田舎への憧れから、山形の農家の紅花摘みを手伝いにいくようになりますが、農家のトシオとの結婚をトシオの母から促され、中途半端な気持ちで農業体験をしていた自分が恥ずかしくなり、農家を飛び出します。

そして、タエ子を心配して迎えにきたトシオの農業への情熱を聞きながら、やがて、トシオに好意を持つようになり、東京に帰る列車を飛び降りて、大きな人生の決断をするシーンで映画は終わります。

このシーンは、計算では割り切れない人生の事実を示唆しているように思います。

分数が苦手で、算数に苦しんだタエ子が、その後、計算された人生を歩み、突然訪れた人生の分岐点において、自分の運命に向かっていくシーンは、人生の重要なヒントを表しています。

都会でOLを続けているタエ子は、経済的にも安定し、農家のような重労働もなく、未来も概ね予測できる「計算された人生」を選択していたといって良いでしょう。

しかし、この物語で、タエ子は、これまでの安定した生活や便利な都会生活を捨てて、農家の嫁になることを決心します。

この時、タエ子の頭には、「計算」という文字はなかったでしょう。もともと、「計算」が苦手で、コンプレックスを持っていたタエ子が下した人生の重大決断に共感するのはなぜでしょう。

それは、人生というものが、計算ではおさまらない出来事によって導かれていることを我々は知っているからでしょう。

映画のラストシーンで、27歳のタエ子を小学5年生のタエ子が背中を押すシーンが現れますが、心の奥に生きていた本当のタエ子が、社会の中で、悩みつつ成長していくタエ子をいつも見守ってきた「自分自身」として描かれています。

我々は、人生において、重大な決断をたくさんしていきますが、そんな時、計算は役に立たないことを心に留めておいて下さい。

計算を超えた出会いや未来を掴む無垢で自由な心と勇気と冒険心によって、新たな扉は開かれていくのです。

もちろん、計算が得意なことは貴重な才能ですが、それを人生に当てはめすぎると大事な決断の時に誤った判断をしてしまうかもしれないことをあなたには覚えておいていてほしいのです。

これまでも、どれだけ多くの偉人たちが、計算では割り切れない勇敢な答えを出してきたことでしょう。

計算に頼らない決断が必要になることを知っておくことは、あなたのこれからの人生を豊かにしていく大きな鍵となります。

最高の人生を手に入れる四つ目のマスターキーは、「計算をやめる」ということです。

自分の未来を計算で測らず、計算を超えた未知の可能性を手に入れていきましょう。

あなたの人生を転換するチェンジングポイントは「計算をやめる」ことです。

人生における計算をやめた時、自分では予測し得ない、心を踊らせる未来を受け取ることが可能になります。

あなたの明日にはどんな予想外の出来事が待っているのでしょう。

おもひでぽろぽろ（英題：Only Yesterday）

岡本螢原作、刀根夕子作画で、昭和40年代を舞台にした漫画の作品。小学5年生の少女・タエ子の日常を描き、スタジオジブリによって、高畑勲監督によって劇場アニメ化されている。（1991年公開　スタジオジブリ作品）

第5のマスターキー　夢を可視化する

私たちは、幼い頃から、夢を持って、生きています。そして、夢を実現することが、人生の最大の喜びであることは間違いないことでしょう。

「夢」には、二種類あります。我々が一日を終えて、眠る時に見る「夢」と、我々が志を立て、それを長く心に留めて、実現しようとする「夢」の二つです。

人間は、しばし、これらを混同しているようにも思えます。

我々が眠る間にみる夢は「空想的」かつ「非現実的」なものとして捉えられるため、果たせない目標を「夢」と称していることも多いように思います。

一方で、我々が志を立て、挑む「夢」は実現するためのものであり、「現実的」なものとして捉えられているはずです。

あなたの人生において、これまでに「夢を実現した」と感じるのはどんなものでしょう。

「志望校に合格した」「希望の就職先に入社した」「念願のお店を開くことができた」、あるいは、「大好きな人と結ばれた」「念願のオーロラを見ることができた」などでしょうか。

これを見てもわかるように、実は、「夢」というものは、極めて、プライベートなものが多いはずです。

また、「世界平和を実現する」「世界から飢餓をなくす」といった壮大なる目標を持つ方もおられるでしょう。

仏教では、これを「願」と呼びますが、個人の利益を超えた大きな願いや夢を持つことは、あなたの人生を豊かにします。

そして、「願」はつながり、「地球全体の幸福を実現したい」というような「大願」となっていきます。

「夢」とは、それぞれの規模や空間を超えた壮大なものにつながっており、ひとりひとりの夢が世界を幸福にする源泉であるということを知っておいてほしいのです。

本書でお話している「夢」とは、こうした「志」から発する「未来のビジョン」であり、あなたが本当に成し遂げたい明確な目標やゴールを意味しています。

しかし、眠っている間の「夢」がそのヒントを与えることも多くあります。

それでは、あなたの「夢」はなんでしょう。

あなたが生まれてから現在まで思い描いた「夢」とはなんでしょうか。

途中で諦めてしまっているものはありませんか。

どこかに置いてきてしまったものはありませんか。

いつか、取り掛かろうとして、蔵にしまいこんでいる夢はありませんか。

あなたの潜在意識に眠っている夢を思い出してみましょう。

実は、その心の奥にこそ、「本当の夢」が潜んでいることが多いのです。

1989年のアメリカ映画に「フィールド・オブ・ドリームス」という作品があります。主人公のレイ・キンセラという農夫は、「If you build it, he will come（それを作れば、彼がやって来る）」という天の声を聞き、トウモロコシ畑に野球場の幻を見ます。これまで、堅実に生きてきたレイは、妻のアニーの理解を得て、周囲の驚嘆の目を受けながらも、この不思議な言葉を信じ、トウモロコシ畑を潰して、野球場の建設を決意します。

自らが見た「ビジョン」を信じ、周囲の批判や様々な壁を乗り越えて、自らの「夢」の実現に挑む物語、それが「フィールド・オブ・ドリームス」です。

夢を持つことは勇気のいることです。

夢を話せば、他人から笑われるかもしれません。

そんな思いから、「夢」を「言葉」にすることができずに、心の奥底に沈めてしまう人も数多くいることでしょう。

あなたが、「夢」を大切にし、光を当て、水を与え続けなければ、「夢」は生き続けることはできません。

それでも、ある時、自分の夢を思い出し、我に還ることもあるでしょう。友人のコンサートに招かれ、自分もピアニストを目指していたことを思い出すこともあるでしょう。

その夢が、音楽家、美術家、演劇家、作家など、自立することが難しい場合、途中で諦めてしまう人も多いと思います。

ルートが定まってない人生を歩むことは勇気がいることかもしれません。しかし、一生を保証された会社や仕事も存在しませんし、自分と合わない仕事を続けることも覚悟がいります。

夢は、好きなものの集合体のはずです。あなたのことはあなたが一番知っています。親でも友人でも上司でもありません。

そして、あなたが本当に願っていることは、あなたが言葉にしないかぎり、誰も知ることはできません。

勇気を持って、「夢」を「言葉」にしてみましょう。

それこそが、最高の人生を手に入れる鍵であり、確かな道標となるものです。

それでは、改めて、ここで、あなたの夢をリストにしてみましょう。

あなたが人生において、天国の門に辿り着く前に、やりとげたいものは何でしょう？

あなたが、すぐ思いつく、「三つの夢」を、心を込めて文字にしてみてください。
そして、さらに、その「三つの夢」をスケッチやコラージュによって、できる限り、ビジュアルに表現してみてください。
所要時間は30分もあれば十分でしょう。まずは、深く考えずに思いつくものを一気に書き出すことが大切です。

いかがでしょうか。

夢と言うより、具体的な計画のようなものも多く混在していると思います。それでも、まずは、これで、自分の願いを可視化することができたわけです。

我々は、いつも「夢」を意識して、行動しているかというと、そんなことはありません。
日常的な義務や責任が重くのしかかり、「夢」といったものは、昔に置いてきたといった方も多いかもしれません。

しかし、どんな壮大なる「夢」も自分が意識し、それを可視化することで、すべては現実化していきます。

夢を可視化するということは、「希望」を鮮明にして生きるということです。

まさに、「夢」は「希望」であり、希望は生きる源泉です。

そして、「可視化」とは、英語で「Visualization」と言いますが、これは、「Vision」という言葉から派生しており、「ビジョン」を持つことが、あなたの夢を実現する原動力になります。

「ビジョン」とはイメージを通じてもたらされるものです。

やりたいことをリストにした後は、その夢をビジュアルに表現していくことを始めましょう。

絵が好きなあなたはスケッチブックを手にスケッチを書き始めてみましょう。

写真が好きなあなたはカメラを持って被写体を探しに出かけましょう。

詩が好きなあなたは、心の中の言葉や情景を詩にしてみましょう。

音楽が好きなあなたは、楽器を持って演奏や作曲を始めてみましょう。

ここで大切なことは、その夢が既に実現した気持ちで、その光景や嬉しさを表していくことです。

そして、あなたの壮大なる夢の構想を一枚のボードにまとめてみましょう。こうした自分の夢を可視化したものを「ビジョンボード」と呼びますが、自分の未来を常に可視化し、日々、自分に語りかけ、行動を起こしていくことが「夢」への確実なステップになります。

人生は思っているより、早く時間が過ぎてしまいます。

日々のことが重なり、やるべきことも増え、それはそれで、やりがいのあるものもあると思いますが、本当にやりたいことは、やるべきことではないはずです。

やるべきことというものは、社会から評価されたいことが多いように思います。そんな時は、あなたの自己承認欲求を点検してみることをお勧めします。

本当にやりたいことは、誰かに評価されることでしょうか。あなたの本当にやりたいことは、たとえ、誰からも見向きもされなくても、楽しく、やり続けたいことではないでしょうか。

夢を大切にしなければ、いずれは、迷子の子どものようになってしまいます。夢は大人になってからこそ、実現できる可能性が高くなるのです。

子どもの頃、手が届かなかった楽器も今なら容易に購入できるでしょう。大好きな作家の全集も今なら手にいれることができるでしょう。いつか必ず見たいと思っていたオーロラの旅も今なら実現できるでしょう。ラクダの旅に憧れて、行きたくて仕方のなかった砂漠にも今ならいけるでしょう。

そうです。夢はあなたの行動を待っているのです。

あなたの夢を諦めないでください。

そこには、自分の幸福の鍵があります。

そして、あなたの夢は、あなたも知らない可能性を引き出していきます。

今日から、あなたの夢に光を当てていきましょう。

最高の人生を手に入れる五つ目のマスターキーは、「夢を可視化する」ということです。

自分の大切な夢を決して諦めず、日々、可視化し、実現に向けた確実な一歩を歩んでいきましょう。

あなたの人生を満ち足りたものにしていくアクセルポイントは「夢を可視化する」ことです。

あなただけの思い描く「夢」に近づこうとする時、自分をとりまく世界は一変し、あなたにしかできない夢の未来が明らかになっていきます。

あなたの明日はどんな夢への扉が開かれていくのでしょう。

「フィールド・オブ・ドリームス」(Field of Dreams)
ウイリアム・パトリック・キンセラの小説「シューレス・ジョー」をフィル・アルデン・ロビンソンが監督し、ケビンコスナーの主演で映画化された作品。主人公のレイ・キンセラは、「If you build it ,he will come（それを作れば、彼がやって来る）」という天の声を聞き、周囲の驚嘆の目を受けながら、トウモロコシ畑を潰して、野球場の建設をしていく、感動的なファンタジー映画。１９６０年代のアメリカを舞台に、夢や希望、家族の絆を描いた美しい描写が高い評価を得た。（１９８９年公開アメリカ映画）

第6のマスターキー　行動をおこす

あなたは、今、自分の夢を明確にでき、それをいかに実現していくかということを考え始めているでしょう。

私たちは、幼い頃から、欲しいものがあれば、声に出したり、お店に出かけたり、言葉や行動をもって、突き進んでいったはずです。

今のあなたはそれができますか。夢を実現することは人生の最大の喜びであるのに、それをしないのはなぜでしょう。

仕事に出かけるので、そんな時間はない、毎日、忙しくて、それどころではないという方も多いでしょう。しかし、本当にそんなに時間はないのでしょうか。

神から見れば、それは言い訳にしか聞こえないでしょう。

神はあなたの願いを叶えたいのに、あなたが、真に願い、行動しなければ、神も助けようがありません。

そうです。夢を実現するために、まず、すべきことは、「思考を行動に移すこと」です。

思考から行動へ移る過程で、あなたは、初めて、この世の様々な手助けを受けることができます。

あなたの夢の実現に向けて、神が準備して下さった様々なギフトを受け取る時期がきたのです。そして、それは、あなたがそのギフトを開けなければ、現実のものとなりません。

「行動」は自分の最高の人生の箱を開ける「マスターキー」なのです。

日々の行動から、あなたは「自分自身」になっていきます。あなたは、行動する中で「本当の自分」を知ることでしょう。

念願であったトランペットを購入し、早朝、人のいない公園で思い切り演奏してみましょう。全身に喜びの波動が響き渡り、生きる感動を全身で感じることでしょう。

念願の油絵セットを購入し、森に出かけてみましょう。そこには、自分の描きたかった風景が広がり、あなたを巨匠にするためのメッセージを送っていたことに気がつきます。

自然や動物達、音楽や絵画が、全てひとつにつながる感覚をあなたは受け取るでしょう。

自分だけが知る喜びを、あなたが全身で味わう瞬間、それこそが、最高の人生への扉が開かれる時です。

その瞬間が訪れたならば、その歓喜の瞬間を心に刻み、後は、それを続けていくだけです。

あなたは大好きなことは簡単に続けられると考えるでしょう。しかし、人生はそんなに簡単ではありません。その喜びも束の間、様々な出来事があなたの道を阻みます。急用が入り、翌日に伸ばすと、今度は出張が入ってきます。

そして、気がつくと、1週間が過ぎ去り、息を吹き返した楽器や画材は、また部屋の片隅に埋れていくかもしれません。

周囲の人たちの中には、あなたを励ます人もいるかもしれませんが、あなたを阻む人も現れます。

もちろん、あなたは、意思が弱い方ではないと思います。

しかしながら、日常というものは、次々と壁を作り、あなたの行動を阻んできます。そして、この時、その壁もまたあなたが創ったものであることに気がつかなくてはなりません。

あなたの築いてきたものが壁になる時が来るのです。

それ故、行動するには、「習慣」が大切になります。

「習慣」とは何でしょう。

あなたには、日課がありますか。毎朝や毎晩、散歩や読書の時間を決めていますか。

哲学者のカントは「習慣」を力にした人物です。カントは、毎日の散歩の時間が決まっており、人々は、カントが散歩していることで、時刻を確認していたという伝説が残っています。

なぜ、カントは規則正しい生活を自分に課したのでしょう。「習慣」とは「規則化」することです。無意識にそれができるところまで、自分の生活に定着させることです。

「行動」は反復することで「習慣」となります。

あなたも「習慣」の力を使いましょう。「習慣」とは、「自発性」を育むことです。毎日、歯磨きをする人は多いと思いますが、「習慣」の力は、歯磨きをしないと「気が済まない」というところまで到達させます。

つまり、「習慣は感情を生みだす」ということです。

「感情」は物事を成し遂げる大きな原動力になります。

「感情」こそが、あなたの本気のバロメーターなのです。

あなたの感情を大切にすることが、「行動」を裏付け、「習慣」を完成し、あなたの夢を実現に導きます。

あなたの「歓喜」こそが、最高の人生を実現する大きなエネルギーなのです。

あなたは、大いなるエネルギーの集合体ですから、あなたのエネルギーを燃やし続けるものは、「情熱」です。

そして、この「情熱」を生み出す源泉は「熱意」です。

「熱意」とは、英語で「Enthusiasm」と表現します。この言葉は、「En: 内なる」と「Theos: 神」という意味の結合によって生まれたものです。

「熱意」とは、まさに、自分の中に「内なる神」が宿ることを意味しているのです。

時を超えて、我々を突き動かす原動力は、「情熱」であり、最高の人生を実現するための鍵は「熱意」だったのです。

「思考」を実現していくためには「行動」が必要であり、その行動の正しさを判断できるものが「感情」であり、「情熱」とは、常に、そこから生まれてくるものです。

偉人たちは、天から与えられた「思考」を「行動」に変換し、「熱意」によって成し遂げた人々です。

そのためには、「思考」を日々の「行動」につなげていく持続力が必要となります。自分の設定したゴールに向かい、毎日、同じ作業を繰り返していく、この平凡な行動を継続することこそが、実は、非凡な才能なのです。

それでは、改めて、ここで、あなたの心が躍動する「五つの行動」を作成していきましょう。

あなたが、第五章で描いた「三つの夢」を可視化した「ビジョンボード」を目の前においてみてください。

早速、あなたの「三つの夢」を実現するために必要な具体的な行動をそれぞれ五つ書き出してみましょう。

あなたの夢を行動に移す時がきました。

あなたの夢はどんなものでしょう。音楽家として、世界中を旅している姿でしょうか。作家として、森の中で、鳥の声を聴きながら、執筆を楽しんでいる姿でしょうか。

あなたの夢を実現するための具体的な行動が明らかになってきましたか。もし、それが曖昧である時や気が乗らない時は、「三つの夢」を見直し、「行動」を決めていってください。

所要時間は10分あれば十分でしょう。自分の心の中に浮かぶアクションを正直に書いてみてください。

いかがでしょう。あなたの「夢」が「行動」に変換されてきたでしょうか。最高の人生を手にするためには、まず、この自分の夢を具体的な行動に変換していくことが重要となります。

我々が「夢」を意識し、日々行動し続けることができたら、どんなに素晴らしいことを達成できるのでしょう。

社会的な責務ではなく、あなたの「情熱」を注ぐことのできる、あなただけの仕事を今日から始めましょう。

どんなに壮大なる「夢」も自分が意識し、それを具現化することで、心の底から歓喜し、様々な事象が引き寄せられ、急速に現実化していくことになるのです。

夢を実現するための行動をおこすことは、ゴールを鮮明にして歩むということです。まさに、あなたが、夢を実現している姿を明確に意識し、行動することで、あなたに必要なマスターピースが引き寄せられてくるのです。

夢の実現に向けた行動リストができた後は、早速、「夢＝Vision」を「握りしめ＝Grip」、そのゴールに到達した気持ちで「行動＝Action」をおこしていきましょう。

大切なことは、その夢が、既に実現した気持ちで、その光景や嬉しさを味わうことです。そして、自分自身の未来図である「ビジョンボード」を、常に目の前において、行動をおこしていくことが重要になります。

あなたの人生はあなた次第なのです。

最高の人生とは本当にやりたいことを成し遂げる人生です。

社会からの評価を気にしているうちに、あなたが、本当に成し遂げたい事すら、忘れてしまうことが問題なのです。

本当にやりたいことは、誰に評価されなくても、注目されなくても、続けることができるはずです。

夢は大人になってからこそ、実現できるものです。今のあなたなら、かつては、王様しかできないと思っていたことも簡単に実現できることでしょう。

あなたの夢はあなたの行動を待っていたのです。

あなたの夢について真剣に考え、歩み出すことが幸福への確かな道です。

最高の人生を手に入れる六つ目のマスターキーは、あなたの夢に向けて「行動をおこす」ということです。

自分の大切な夢を実現するための最初の一歩を歩み出していきましょう。

あなたの夢を実現していくためのジャンピングポイントは「行動をおこす」ことです。

あなただけの思い描く「夢」に向けて行動する時、あなたをとりまく世界は一変し、あなたの夢を実現するために、宇宙全体が力を示してくれます。

あなたの行動は今日どんな喜びをもたらしてくれるのでしょう。

――――＊――――＊――――

イマヌエル・カント（Immanuel Kant）
プロイセン（ドイツ）の哲学者。ケーニヒスベルク大学の哲学教授。『純粋理性批判』、『実践理性批判』、『判断力批判』の三批判書を発表した。カントは、「人間とは何か」という問題に関する研究領域として「人間学」を提唱した先駆者である。カントの生活は規則的なことで知られ、決まった道筋を決まった時間に散歩したことから、散歩の通り道にある家では、カントの姿を見て時計の狂いを直したと言われる。
（１７２４年４月22日－１８０４年）

第7のマスターキー　信念をつらぬく

あなたは、ここまでのマスターキーを着実に修得し、自分の夢に向けて、具体的な行動を始めていることでしょう。

私たちは、無心で行動している時は、不満を感じることはありません。行動というものは、自らの目標に到達するための最も確かな道であり、躍動感と共に向かってほしいと思います。

しかし、こうした情熱に迷いが生じることもあるでしょう。

自分の目標は正しかったのか、本当に実現するのか、方法は正しいのか、その目標を打ち消す思いが浮かび上がってくることがあるかもしれません。

あなたの夢を実現するために大切なことは、まさに、この段階を超えることなのです。自分の決めた目標を信じて、一目散に突き進むことが必要な時期が必ず到来します。

皆さんは、「信念」という言葉をお聞きになったことがあると思いますが、この言葉の本来の意味を良く理解しているでしょうか。

「信念」とは、まさに、「信じて」「念ずる」と書きます。

それでは、「信ずる」とはどのようなことでしょう。

人間は、五感を通じて、様々な情報を取得し、その情報を信じることから、行動に移すことができます。

しかし、それが、「夢」となるとどうでしょう。

「夢」というものは、未だ、存在していないから、「夢」なのであって、通常、目に見えないものでしょう。

また、あなたが何かを手に入れようとした時、その存在は見えても、それを手にした自分は想像できていないのが通常です。

したがって、あなたが「夢」を実現すると決意した時、その先は、見えないものとの対話の連続となり、その見えないものを「信じる」ことができるのか、それが大きな鍵となります。

「見ずに信ずるものは幸いなり」

これは、イエス・キリストが使徒たちに語った言葉として、新約聖書に収められていますが、この言葉は、「信ずる力」が、最高の人生を手に入れる大きな力となることを示唆しています。

そして、この「信じる」ことの先に、「念じる」ことがあり、あなたは、その「夢」を信じ、その実現を「念じる」ことが必要になるのです。

それでは、「念じる」とはどのようなことでしょう。

人間は、常に、思考し、その実現に向けて、波動を放っています。そして、それは、空間や時間を超えて、何かを伝え、物理的な変化を及ぼすこともあるほど強いものです。

人と人は、様々なコミュニケーションを行いますが、物理的なインターフェイスを超えた意識の伝達や共有が行われる体験をされた方も多いことでしょう。

人間同士は言語を用いることができるため、言語が大きな役割を果たしていますが、人と動物の交信となれば、いかがでしょう。言葉を超えた感情の共有を体験した人は多いでしょう。

人間は、五感を使って、様々な情報を交換し、その情報から判断し、自らの行動を変えていきます。そして、伝達経路によっては、物理的な現象を介さず、物事を変化させることもあり、それらは、「テレパシー」と呼ばれる領域になるのかもしれません。

「念力」は、本来、人間には備わっているという説もあります。

あなたの「夢」もあなたの心の中で生まれた瞬間から、ある種の波動を発し、様々な情報と共振し、同じ周波数のものを引き寄せていきます。

その力が強い人々は、まるで、「念力」を使うかのように、それぞれの「夢」を実現していきます。

「念力」は、超人でなくても、あなたに備わっているものです。

その力の大きさは様々ですが、念ずる力が強い人はいます。

あなたの「夢」を実現し、最高の人生に近づくための重要な能力は、この「念ずる」という力なのです。

そして、まさに、「信じる力」と「念じる力」を合わせて、「信念」という言葉ができています。

あなたの「夢」を実現に向かわせる大切な力を今日から手にしてください。

「信念」というものは、見えるものを信ずる力ではなく、「見えないものを信ずる力」であることを、アメリカの哲学者のエマーソンが述べています。

あなたは、未だ、誰も見ることのできない「夢」を実現していくために、どんな壁があっても、それを信じ続けることができるでしょうか。誰も知らないあなただけの「夢」を実現するまで、一途に念じ切ることはできるでしょうか。

「夢」というものは、目に見えないのが通常です。だからこそ、あなたの「夢」は、あなたしか実現することはできません。

あなたが「夢」を実現しようと心に固く決めたなら、これからは、その見えないものとの対話を決意し、その見えないものの実像化を念ずることができるかが大きな鍵となります。

夢を実現することは人生の最大の喜びです。

神はあなたの願いを叶えるために、毎日、様々なヒントを送ってくれています。そして、その願いを阻むものは、自分から生まれる「不信」と「断念」しかありません。

あなたが、真に願い、信じ、念じ、行動していくことができれば、必ずや、神は手を差し伸べてくれることでしょう。

「夢」を実現するために、あなたがすべきことは、「信じて、念ずること」です。

思考から行動へ移る時、あなたは、この世の様々な手助けを受けることができます。そして、あなたの夢の実現に向けて、神が準備して下さった様々なギフトを受け取る時まで、「信じて、念ずる」ことをつらぬいてください。

あなたが、そのギフトを開ける日を信じて、進まなければ、その魔法は力を発揮しません。「信念」は、最高の人生の扉を開ける力強いマスターキーなのです。

最高の人生を手にするということは、自分の心の声に従い、「信念」をつらぬき、天命を全うすることです。

天命を知ることは、それぞれに与えられた「宝箱」を開けるようなものです。誰とも比較することなく、その発見を待っているあなただけのギフトです。

最高の人生への扉は開かれています。

あなたが、迷い道に入りそうになった時、挫けそうになった時、「信念」の力があなたを正しき道に導くでしょう。

「信念」は「目標」を明確化していきます。

「信念」の力は、あなたが約束の地から目を離さぬよう、日々、心に語りかけます。

感情の起伏も「信念」の力で乗り越えていけるでしょう。

あなたが「信念」を最も大切な親友とする限り、「信念」はあなたを裏切りません。信念は、人生を導く光となり、周囲の人は、あなたを無言で理解し、応援してくれることでしょう。

あなたの「信念」こそが、最高の人生を実現する大きな光となります。

「思考」を実現していくためには、「行動」が必要であり、その行動が正しいかを判断できるのは、「感情」であることは述べましたが、「信念」は、その先に待つ「人生の峠」を越えるための最も頼りになる支えとなるものです。

偉人とは、天から与えられた「思考」を「実現」することを成し遂げてきた人々です。

そのためには、「思考」を「行動」につなげる「忍耐力」が重要になります。日々、ゴールを疑わず、単純な作業を繰り返す時、あなたの「信念」は試されます。

それでは、ここで、あなたの「信念」を具体的な言葉に表してみましょう。

あなたが、最も大切にしているものはなんでしょう。
あなたが、絶対に譲れないものはなんでしょう。
あなたが、最も優先していることはなんでしょう。

その中に、「信念」を見出すヒントがあるはずです。

あなたの「内なる声」を聞き、それを力強い「キーワード」にまとめてください。

スケッチブックで絵や詩のように表現しても結構ですし、毛筆で書いて、掛け軸にしても良いでしょう。

所要時間は10分あれば十分でしょう。

今日から、あなたの「信念」を大きく書いたものを、額装し、書斎や寝室に高らかに掲げておきましょう。

あなたの「夢」が実現するための揺るぎない自信が湧いてきたでしょうか。

あなたは、「夢」のために「信念」を持って行動を続ける時、自分の想像を超える目標を実現していくことに驚くでしょう。

今日から、あなたの心が湧き立つ、あなただけの仕事を始めてください。

どんなに壮大なる「夢」も、自分が意識し、それを具現化することで、様々な事象が引き寄せられていきます。

夢を実現するという「信念」の強固さが、自分をその目標に導く力となります。

そして、あなたは、いつか、自分自身の未来図である「ビジョンボード」を目の前に、その実現した光景を眺めながら、その真実に驚嘆することでしょう。

あなたは、「夢」の実現に向けた大切な力を手にしました。

最高の人生を手に入れる七つ目のマスターキーは、あなたの「夢」を実現するという確固たる「信念」を持つことです。

自分の大切な夢を実現するために、今日、さらなる歩みを進めていきましょう。

あなたの夢を実現していくためのクロージングポイントは「信念」をつらぬくことです。

あなたの「夢」が実現する時を待っています。

大切なことは、あなたの「信念」が宇宙を動かしていくということです。

あなたの「信念」の力は、今日、どんな奇跡を起こしていくのでしょう。

――――――――＊――――――――＊――――――――

ラルフ・ワルド・エマーソン（Ralph Waldo Emerson）

アメリカ合衆国の思想家、哲学者、作家、詩人、エッセイスト。コンコードの賢者と呼ばれた。アメリカ合衆国マサチューセッツ州ボストン生まれ。18歳でハーバード大学を卒業し、ボストンで教壇に立った後、ハーバード神学校に入学し、伝道資格を取得し、ユニテリアン派の牧師となるが、教会の形式主義に疑問を感じて辞職する。欧州で、ワーズワース、カーライルらと交わり、帰国後は個人主義を唱え、米文化の独自性を主張した。自ら、コンコードの森に住み、「森の生活」を著したヘンリー・ディビッド・ソロー等と交流を続けた。代表作の「自己信頼（Self Reliance）」は現在でも読まれ続けている名著となっている。（１８０３年5月25日－１８８２年4月27日）

第8のマスターキー　未来を受け取る

あなたは、「夢」を実現するために、既に、行動を起こし、信念に基づいて、日々、邁進していることでしょう。

あなたの夢を実現するための最後の鍵は「未来を受け取る」ということです。

未来というものは、誰にとっても見えない存在であり、そして、未来というものも、あなたの思考で大きく変わっていくことを学んできました。

あなたは夢を実現するスタートラインにいます。

あなたの未来はあなた次第なのです。

あなたが夢をあきらめない限り、あなたの信念が揺らがない限り、夢は実現していきます。

未来は選択できるのです。

あなたの現在の位置が過去の集積であるように、あなたの現在は、これからの未来を創っていく礎となります。

未来は、あなたの思考次第で大きく変わっていきます。それ故、未来は過去を変える挑戦であるといっても良いでしょう。

「潜在意識」は これまでの「過去」の積み重ねによる「現在」を肯定するのみですが、あなたの「未来」は、あなたの「現在の思考」によって刷新され、新たな未来を選択していけるのです。

「真に願う」ということは 自分自身に立ち返り、自分に正直になることであり、自分から離れない、自分の道を自分のものとして突き進んでいく「勇気」と「覚悟」によって支えられています。

「記憶」の先に「未来」があるのではありません。

なぜなら あなたは、「思考」の力を知り、「信念」の力を知り、大いなる「未来」に主体的に歩み出す覚悟を決めたからです。

「正しい願い」は、「信じる」ことによって実現します。

「願う」ということは、「信じる」ことであり、信じるということは、「受け取る」ということです。たとえ、あなたが、真に願い、信じたとしても、その先に必要なものは、受け取る力です。

「受け取る」ということは、受動的な行為のように感じますが、実は、全く違います。あなたが、願い、信じ、そして、それを受け取ることの三つの段階が揃って、はじめて、あなたは「夢」を手にすることができるのです。あなたが、強く願い、強く信じ、その未来像を手にしている「確信」を持ち続けることが「受け取る」ということです。

信じた未来を受け取ることに何の恐怖があるのかと思われる方もいるかもしれませんが、

あなたの潜在意識は、その時、その運命を受け取ることを拒むかもしれないのです。

目の前に訪れた幸運を退けてきた人々を私は数多く見てきました。なぜ、そんなことをするのかと思われるかもしれませんが、自分には、過大なチャンスである、準備ができていないという言い訳が浮かんでくるようです。

しかし、天は、あなたができない使命を与えませんし、そのための準備が十分ということも、これまでの歴史を振り返ってもありません。

チャンスは、突然、目の前に現れ、あなたを試します。

天からもたらされるタイミングは、常に、早すぎもせず、遅すぎもしないのです。

しかし、多くの人は、自らが願ったことを受け取る段になって、それを尻込みしてしまうのです。

あなたは、すべてをやり遂げ、後は、待てば良いのです。

「人事を尽くして天命を待つ」という言葉の示すように、あなたは、やるべきことをやり遂げたら、人智を超えた力があなたのところに舞い降りるのを待つだけです。

そして、それが成し遂げられた時、未来を受け取ることの大切さ、信じて待つことの尊さを、あなたは知るでしょう。

やがて、神、天、宇宙、あるいは、Something Great、呼び方は様々ですが、自分の力では及ばない宇宙全体が持っている大きな力に運命を委ねる時が来ます。

未来は、大いなる選択の連続であり、あなたも耳にしたことがあるかもしれませんが、様々な運命が共存する「パラレルワールド」の存在は、あなたの選択の重要性を示唆しているのです。

「人生」とは、「未来の選択」であり、あなたの信じたものを受け取るためには、「勇気」

と「覚悟」、そして、それを貫く「信念」が必要となります。

そして、こうした「信念ある行動」の上に、大いなるチャンスが訪れ、その時こそ、それを両手でしっかりと受け止める力が必要になるのです。

「人事を尽くして、天命を待つ」という言葉は、「天命を信じ、人事を尽くす」と捉え直してみましょう。

この言葉は、常に、「天命を感じる」からこそ、「人事を尽くせる」という「宇宙の法則」を意味しているようにも思えます。

天を信じるからこそ、自分のやるべきことに確信が持てる。

そして、そこに訪れる様々な事象を素直に喜び、受け取ることができる能力こそが、「受け取る力」です。

あなたは、天への信頼の下、夢の実現に100%の力を注ぐことが可能となり、ついに、最高の自分を手に入れることができます。

そして、そのパーフェクトなあなたを常に握りしめることが「最高の人生」を手にする最後のマスターキーとなります。

あなたは、いよいよ「夢」を実現していく最後のステップを迎えることになりました。

あなたの「夢」は、心の中で既に実現しているはずです。

最高の人生を手に入れる八つ目のマスターキーは、あなたの夢を実現する最終段階としての「受け取る力」を持つことです。

自分の「夢」を育て、その実現に向かっていくあなたにとって、その天命を受け取る瞬間は突然、訪れます。

あなたが天から与えられたプレゼントを両手でしっかりと受け止めた時、「夢」は、過去・現在・未来を繋ぎ、その存在が確定します。その時、「時間」というものはなくなり、かつて描いていた「夢」がそこに存在し、これまでの人生はそのためにあったことを知るでしょう。

あなたの「夢」を実現して行くためのラストポイントは、「受け取る」ということです。

あなたの「夢」が実現される、その時がやってきました。

大切なことは、あなたの「夢」が宇宙と繋がり、そして、大いなる波動によって、その夢を実現するため、宇宙全体が力を貸してくれることを知ることです。

さあ、あなたの「夢」は、どのような夢だったでしょうか。

「夢」の実現方法を手にした今、奇跡の連続である日々を思い返しながら、新たなる奇跡を起こしていってください。

最高の人生を手にする八つ目のマスターキー、それは、あなた自身が、そのすべてを受け取る「資格」と「才能」があることを思い出すことです。

人生学のバイブルとして、「最高の人生」を手に入れるマスターキーを使い、是非、今日からあなたの夢を確実なものにしていただきたいと思います。

あなたの未来は どんな輝きを示していますか。

今こそ、あなたの未来に駆け出していきましょう。

おわりに
〜地球人へのバイブル〜

あなたの人生は、今、どのような位置にあるのでしょう。

あなたは、これまでの人生を思い返し、今、まさに、新しい人生を始める瞬間を感じているでしょう。

あなたの直感は正しく、あなたの行動は、それを形に表していくでしょう。

あなたの人生は、あなたの思いのままであり、その事実を知ることができた今、あなたが、その「思い」を「行動」として表し、そこから得られる「結果」を自らの喜びと共に「受け取る」ことができるかということに尽きます。

あなたの未来は、輝かしい光に包まれています。

あなたはこの本を朝の光の中で手にしているかもしれません。あるいは、夜の静けさの中で手にしているかもしれません。

聖なる自分を感じるには、朝の光が注がれる一日の始まりや、夜の帳が降りる一日の終わりが適しているでしょう。

常に、あなたの心と共にいてください。

あなたの人生は、今日一日をいかに終え、明日をいかに迎えるかにかかっています。

一日に起きたことをすべて洗い流し、休む前に、「最高のあなた」を思い描き、明日を迎える準備をして目を閉じてください。

あなたは、生まれながらにして「幸福」を手にしており、あなたの思い通りの人生を実現していきます。

あなたは、この美しい地球に生まれ、大いなる恵みを受けながら、今ここに生きています。しかし、そうした思いも、時には曇り、希望を見失いそうになる日があるかもしれません。

しかし、それは、あなたが選んだ「結果」であり、常に「原因」があります。

そして、それらの現象が起きた「原因」を知れば、その「結果」を変えることもできます。

100年前に、自分の信念に基づく活動を通して、珠玉の名言を数多く世に残してきた、ジェームズ・アレン、フローレンス・スコヴェル・シン、ラルフ・ワルド・エマーソン等の言葉が今も生き生きと我々に伝えてくれるように、我々は、自分を創造していく力があり、人生は「原因」と「結果」の積み重ねなのです。そして、あなたの人生の主人は、あなた自身であるという絶対的な真実を我々に気づかせてくれます。

あなたの想いは、いつもあなたの内側から湧き上がり、あなたの人生に現れる日を待っています。もし、あなたが、あなたの外側にばかり耳を傾けているならば、その内なる声は、永遠にあなたに届くことはないでしょう。

先人達は、そのために、大自然と対話を繰り返し、朝のひと時や休む前のひと時を自然と共に過ごし、自分や宇宙とつながる瞬間を大切にしてきたのです。

オーストラリアの先住民であるアボリジニの「ドリームタイム」や東洋における「瞑想」の伝承は、先人達が「内なる自分」「大いなる宇宙」「悠久なる時間」とつながる重要性を理解し、我々に伝えようとしていたのです。

エジプト、メソポタミア、インカ、マヤ等、様々な古代文明においては、自らが宇宙とつながる聖なる存在であることを理解していました。

しかし、人間社会においては、世界中から洪水のように膨大な情報が集まり、生活の価値観や幸福感は、物質的な世界の繁栄に傾注してしまい、精神的な進化から遠ざかってしまいました。

我々は、「肉体」という「物質的な集合体」であることは事実ですが、「魂」という精神的な存在でもあります。

その人を好きになる、嫌いになる、ということは、もちろん、「物質的」な現象にも起因していますが、それ以上に、あなたの「精神的」な「影響」を受けていることに気づくべきです。

我々は、「精神」「魂」「心」と呼び方は様々ですが、常に、「目に見えない」「形のないもの」と共に生きています。

それは、「直感」といったものが我々を導いてきたことの大切さを表しており、我々には、「物質的な成功」も必要ですが、最終的には「精神的な幸福」が重要となることを示唆しています。

今、あなたは真の自分を開こうとしています。

あなたにとって「人生」は、とてもシンプルなものになってきていることでしょう。

我々は、20世紀という物質的な時代を超えて、21世紀という精神的な時代に突入しています。

それは、「心の時代」とも言われますが、科学の進化が人類を「外なる宇宙」に導いたように、これからは、「心の進化」が我々を「内なる宇宙」の旅に向かわせてくれることでしょう。

現在、最先端の科学の世界においても、科学的な進化と精神的な探究が接近してきていることを感じます。

「宇宙の中にある自分」という存在を知ることは、「自らの内なる宇宙」を理解することなのです。

20世紀の宇宙科学の発展によって、我々は、「地球（GAIA）」という存在を宇宙空間から見る最初の人類となりました。

宇宙飛行士であるユーリイ・ガガーリンは「地球は青かった」という言葉を残しましたが、20世紀の人類は、「母なる地球」を自覚し、宇宙に輝く地球の尊さを知るに至ったわけです。

宇宙空間に浮かぶ「地球（GAIA）」は、我々と宇宙との関係性を再認識させると共に、美しい地球と運命を共にしていく決意を我々に与えたと言えるでしょう。

我々は「宇宙」というものをより身近に感じる必要があります。

美しい星空を見ること、天からの風を感じること、我々を照らす光を感じること、こうしたことのすべてが、「宇宙の中の自分」という存在を思い出すことにつながっていくことでしょう。

我々は、本来、身体の中に、宇宙的な感覚を有しており、古代文明の時代から、先人達は、太陽や月、星々を眺め、流れ星や皆既日食等の数々の宇宙の神秘を感じて生きてきたのです。

我々は、「神秘の世界」を生きています。

大自然は宇宙と一体であり、四季の美しさ、様々な自然の恵み、生き物たちが織りなす感動的なドラマは、我々を癒し、導いてくれています。

我々は心の時代に入りました。

21世紀のフロンティアは「宇宙」ではなく、自らの「心」です。

我々は、大いなる宇宙の一部であり、その宇宙の結晶としての「地球」と共に生き、「地球との一体感（Oneness）」を取り戻すことが、我々の人生を豊かにする確かな道といえるのです。

地球への愛は、「自然への愛」として形になっていくでしょう。

先人達は、地球を愛し、地球の生命と一体となることによって、その調和を生み出そうとしました。あなたが、宇宙の一員であり、自然との調和を求めようとした時、すべての生命があなたに微笑みかけることでしょう。

それは、「愛」を伝えれば、「愛」が返ってくるという宇宙の法則を表しており、多くの先人達が、世界の平和は「愛と調和」によってもたらされるということを知っていました。

大いなる愛と共に育てられたあなたは、隣人や同胞たちへの愛を素直に表すことができるでしょう。

これまでの人類の歴史が示してきたように、科学は万能ではありません。

我々は「宇宙船地球号」の乗組員として、地球と共に生きる新たな人類である「地球人」としての進化を遂げる時代が到来しました。

我々は、「地球人」としての道を歩み出そうとしています。

本書の目的は、最高の人生を手にするためのマスターキーを皆さんにお伝えすることです。

本書の中には、あなたの美しい人生を生み出す様々なヒントが詰まっています。

本書で書かれている8つのマスターキーには、順番がありますので、最初は、順を追って熟読いただき、実践しながら、繰り返し読み進めていただければと思います。

そして、本書を十分に修得された後は、人生のバイブルとして、その日の気分で、お好きな章をお読み頂ければと思います。

書かれている内容は大変シンプルなものですが、進化の度合いによって理解する内容も変わってくるでしょう。

大切なことは、理解するだけでなく、それを実践していただくことです。

実践することで、その結果は確実に現れてきますし、知ること、理解すること、実践できることの違いも体験されるでしょう。

全てが理解されたように思える日もあれば、また、それが失われ、迷いが生じる日もあるでしょう。

我々にとって大切なことは、常に、我々は宇宙と共にあり、何人も、その宇宙の法則から逃れることはなく、また、その普遍的な法則を生かすことによって、我々自身をより高次元の存在に導くことができるという真実を知ることです。

宇宙と一体となると言うことは、宇宙から与えられた「愛と調和」を信じることであり、あなたの人生において、それを実現することに他なりません。

我々は、宇宙の大いなる波動と共に生き、愛と調和を持って、多くの人々と共存共栄を図っていく優れた能力を持った生命です。

その根元は「愛」であり、「愛こそがすべて」と言っても良いでしょう。

我々は、大いなる運命と宿命を生きていると言われていますが、未来は「不変」ではなく、すべては、あなたの思いが引き寄せていることを忘れないでください。

「未来」というのは決まっているわけではなく、今日のあなたが何を思い、何を実行するかによって選択していけるものです。

我々は、「過去」から逃れることはできないと思ってきましたが、実は、あなたは日々生まれ変わっているとも言えます。

なぜなら、我々の体内の細胞は、数年で入れ替わると言われており、我々は、肉体的にも、日々「新陳代謝」し、過去を精算し、生まれ変わっているのです。

「過去」というものがあなたを創ってきたという事実は理解しておくべきですが、「過去」があなたを縛ることはなく、それらを一つの教訓として消化し、新たな未来のために、今日を創ることこそがあなたのするべきことです。

未来は、あなたにとって無限の可能性を示しており、未来について、恐れを持つことなく、あなた自身が創造する未来に主体的に関わっていってください。

今日の思いや行動が明日を創るという真理を忘れないでいただきたいと思います。

未来はこれまでの過去を超える挑戦と言ってもいいでしょう。

「記憶の先にない未来」、それは、あなたの「願いが導く未来」です。

本書で繰り返しお話してきたように、あなたは、「正しく願い」「正しく信じ」「正しく受け取る」だけなのです。

「願う」ことは「期待する」ことであり、それを信じ、「受け取る」ことです。願いとは、「祈り」であり、それを信じることで「祈り」が実現していきます。

あなたの夢がかなう日を待っています。

素敵な物語があなたを待っており、選ばれるのを待っています。

あなたの選択によって、その物語が現実のものとなるのです。

量子力学の発展によって、すべての物質はつながっており、様々な次元で存在している事実も明らかになろうとしています。

シュレディンガーの猫のように、我々は、異なる次元に存在しており、多次元の中から自分にふさわしい箱を選んでいるのかもしれません。

我々は、そうした「パラレルワールド」を生きる存在であり、どんな未来がふさわしいのか、それを決めるのは、昨日のあなたでも、明日のあなたでもなく、今日のあなたです。

我々は、常に、天に願い、日々、願い通りの未来を受け取っています。ページをめくるように、あなたの選択した結果が目の前に現れてきます。そして、それを決めているのは、誰でもない、あなた自身なのです。

そして、そのページは、あなた自身の力だけでなく、天がいつも手助けをしていることを忘れないでください。

我々は、常に、願いに基づいて行動しているようですが、実は、正反対の思いを抱きながら、行動していることがあります。

「願いつつ、叶わない」という思いを持って生きる人も多く、それでは、車の運転に例えれば、アクセルとブレーキを同時に踏んでいるようなものです。

「夢」の実現には、「願うこと」と「受け取ること」のコンビネーションが必要であり、もし、あなたが願いつつ、それを否定しているなら、その思いが宇宙に伝わり、当然の「結果」を受け取ることになるのです。

あなたは常に願った通りの結果を受け取っているのです。

もし、あなたの夢が叶わなかったのであれば、それは、あなた自身がその夢を本当には求めていなかったということでしょう。

こんなお話があります。ある時、「私はピアニストになりたかったが、なれなかった。」と話す方がおられました。私は、それに対し「あなたがピアニストになりたかったのはいつのことですか」と問い直しました。そうすると、その方は「ピアニストになる夢なんて、中学校の時にあきらめたよ」と答えたのです。

あなたは、この逸話からどんな真実を見つけることができるでしょう。

この方は「ピアニストを目指し、ピアニストをあきらめる」という自分の思いを実現してしまっているのです。

あなたの願いが真実であり、その願いが天に通ずることを信じるならば、必ずや願いは叶えられていくでしょう。もし、叶わなかったのであれば、自分は本当に心の底からそれを望んでいたのかを考え直してみる必要があります。

我々は、夢を実現し、幸福に生きるべきです。

「最高の人生を手にする」ということは、あなたの心の中にある「夢」を実現することであり、その夢がもたらす幸福の波動を自らが喜び、それを受け取っていく人生を実現することです。

信じた未来を受けることの難しさは、自らの「夢」があまりにも壮大に感じ、道が見えなくなることや、夢を実現する方法を自分は知らないといった疑問から起きてくることが多々あります。

多くの人にとって、「信じる」ことは、「願う」こと以上に難しいことであり、「受け取る」ことは、さらに難しいことといって良いでしょう。

「信じて待つ」というステップは、「忍耐」という力も必要とします。天才たちは「忍耐力」によって、自分の生み出した「夢」を実現してきたということも覚えていてください。

世界的な発明家のエジソンは、決して諦めない忍耐力の持ち主であったと言われています。

そして、こうした偉業は、自らの力だけでなく、神、天、宇宙、Something Great 等、様々な言葉で表される「大いなる力」の導きによって達成したことを偉人達は口を揃えて言うでしょう。

常に、天命を感じ、人事を尽くした者に奇跡は訪れるということです。その瞬間に、自らの全身全霊を注ぎ込む、そうすることで、あなたは、素晴らしいギフトを手にすることができます。

最高の自分を手にするマスターキーとは、その瞬間を全力で生きること、今いる場所を愛すること、そして、あなたの願いが大いなる波動となって、宇宙に届き、あなただけのギフトを歓喜と共に受け取っていくことなのです。

あなたは、本書を爽やかな朝日を浴びながら、読まれているかもしれません。おやすみ前の安らかなる時に読まれているかもしれません。

あなたの人生は常に開かれており、最高の人生を手にするために、今日の行動があり、その結果を明日受け取るのです。

あなたは、真の人生を開くための全ての鍵を手にしました。

ここからは、あなたの人生に、これらのマスターキーを実践し、自分でも想像もつかなかった最高の人生を手に入れるだけです。

あなたの真の人生は、今、まさに始まろうとしています。

大いなる地球の存在が宇宙の中に生まれた瞬間から、あなたは存在し、姿を変えながら、今のあなたを創り出してきました。

あなたは、大いなる大平原を歩いて行く勇者のような存在です。

人類は、「地球人」としての人生を歩もうとしています。

最高の人生を実現することは、あなた自身が、あなたの最も心躍る物語の主人公を生きることであり、天から降り注ぐ光を浴びて、あなたの美しい人生が成就されることを祈りながら本書を締めくくりたいと思います。

あなたの人生が、あなたにとって最高の人生であると確信する日々が訪れますよう、心より祈りながら、この本をあなたに贈りたいと思います。

令和5年7月　風薫る書斎にて

風見正三

著者プロフィール

風見 正三（かざみ しょうぞう）　ガイアアーティスト

都市計画家／芸術家／著述家／社会啓蒙家／思想家／映画論説者

幼少の頃から自然を愛し、人間の生き方の探究を始める。絵画の才能を活かし、建築、都市計画と分野を広げ、大手建設会社にて全国の都市開発事業に従事する。1992 年、英国ロンドン大学留学中に地球サミットと出会い、持続可能な社会の実現を決意し、2007 年 3 月、東京工業大学にて博士号（工学）を取得、2008 年から大学教授に転身し、学生や社会人、起業家や経営者等、多様な人材教育に携わる。2011 年、東日本大震災に遭遇し、被災した小学校を「森の学校」として再建し、その思想を国内外に展開すると共に、地球視座のまちづくりと人材育成を目指し、ガイア都市創造塾、地球人創生機構を創設する。2020 年 8 月、21 世紀を生きるための提言書「知的思考法－人間の進化と地球の未来」を発刊し、地球と共生する新たな世界観の実現に向けて、国内外での「ガイアビレッジ構想」を推進すると共に、地球と共に幸福に生きる「地球人」の育成を進めている。

地球人創生機構創設者、ガイア都市創造塾塾長、一般社団法人東北ソーシャルデザイン研究所創設者、「知的思考法」提唱者、「GAIA TALK」創始者。宮城大学理事・副学長・教授。東京工業大学大学院、英国ロンドン大学大学院修了、博士（工学）、経営学修士、都市地域計画学修士。

主な著書として「知的思考法－人間の進化と地球の未来」（Gaiable 出版）、「社会に飛び立つあなたへ－人生の扉の開け方－ 風見正三先生の教え」（Gaiable 出版）等、他多数。

人生相談は公式 HP 内の風見正三の人生相談室にてお問い合わせ下さい。

公式 HP　Kazami Shozo Focus
https://www.kazamishozofocus.com/
mail : office@shozokazami.com

人生のバイブル　最高の人生を手に入れる８つのマスターキー
The Bible for Life Science　The 8 Master Keys to get the Wonderful Life

2024年1月28日　第1刷発行
著　者　風見正三
発行人　大杉　剛
発行所　株式会社 風詠社
〒553-0001 大阪市福島区海老江5-2-2
大拓ビル5 - 7階
TEL 06（6136）8657　https://fueisha.com/
発売元　株式会社 星雲社
（共同出版社・流通責任出版社）
〒112-0005 東京都文京区水道1-3-30
TEL 03（3868）3275
印刷・製本　シナノ印刷株式会社

ISBN978-4-434-33153-4 C0012